Knaur

In der gleichen Ausstattung sind erschienen:

Gernot Gricksch, *Kaiserschmarrn und Koitus*
Lola Lindberg, *Keks und Kerle*
Thomas Altendorf, *Die Cocktailkirsche*

Anne & Julia Frederick

DAS HEXENKOCHBUCH

**Die moderne Zauberfrau
im Tiefflug durchs Kühlregal**

Knaur

Besuchen Sie uns im Internet:
www.droemer-knaur.de

Originalausgabe Juni 1999
Copyright © 1999 bei Droemersche Verlagsanstalt
Th. Knaur. Nachf., München
Alle Rechte vorbehalten. Das Werk darf –
auch teilweise – nur mit Genehmigung des
Verlags wiedergegeben werden.
Redaktion: Barbara Laugwitz
Umschlaggestaltung: Init, Bielefeld
Umschlagfoto: The Image Bank, München
Bavaria Bildagentur, Gauting
Satz: Ventura Publisher im Verlag
Druck und Bindung: Clausen & Bosse, Leck
Printed in Germany
ISBN 3-426-72814-1

5 4 3 2 1

Für Bernd –
Dich verhexen wir am liebsten!!!

Hexen, Hexen

Traurig, aber wahr: Der deutsche Durchschnittsmann erwartet von einer Frau immer noch, daß sie in der Küche Meisterleistungen vollbringt. Während er dumm-bräsig vor dem Fernseher hockt, soll sie in einer Zeit, die keinesfalls länger als *ran täglich* dauern darf, Paul Bocuse übertrumpfen und dabei gleichzeitig aussehen wie Claudia Schiffer (wahlweise Dolly Buster). Nebenbei dürfen allerdings schon Erfrischungen (Bier!) gereicht werden. Ja, zaubern müßte frau können.

Falsch! Wir meinen: Hexen muß sie! Und zwar nicht, um ihren Liebsten damit glücklich zu machen (obwohl das natürlich nicht schaden kann), sondern, um damit allgemein besser durchs Leben – und durch die Küche – zu kommen. Dabei denken wir nicht an eine Mixtur aus Krötenschleim und Otterfüßen. Die macht vielleicht schön, dürfte aber unserer Einschätzung nach nicht wirklich gut schmecken. Und wir wollen ja nicht, daß unser Lover nach dem ersten Löffel bereits das Weite sucht oder uncharmant auf den Tisch kotzt. Wir möchten auch niemanden überreden, zu mitternächtlicher Stunde und bei Vollmond im Garten des Nachbarn ein paar Regenwürmer auszugraben, die anschließend über einer Duftlampe mit Ylang Ylang geröstet werden.

Im Gegenteil – die moderne Hexe behilft sich nicht mit »Abrakadabra« und »Simsalabim«, sondern mit einem wachen Verstand. Das heißt: Sie improvisiert, sie überspielt, sie bestellt, nötigenfalls beim besten Partyservice der Stadt, oder sie überredet einen gutmütigen Kumpel, im Hintergrund ein paar Sushi-Häppchen zu rollen, während sie selbst die mondäne Gastgeberin spielt. Mit anderen Worten: Sie bescheißt, wo es nur geht, und erweckt so gekonnt, voller Charme und Finesse den Eindruck, daß sie nicht nur am Herd, sondern in allen Lebenslagen eine Heldin ist.

Ebenso, wie Hexen schon vor Jahrtausenden ihre Verbündeten hatten, verfügt auch eine moderne Hexe über einige Gehilfen: Anstelle des schwarzen Katers steht ihr eine gut-sortierte Tiefkühltruhe zur Seite, die Krähe machte der Tütensuppe Platz, und statt im Kessel brutzelt es nun in der Mikrowelle. Mit den Mächten der Finsternis steht eine moderne Hexe nicht im Bunde, dafür hat sie einen Pakt mit diversen Bring- und Lieferdiensten geschlossen. Und sollte sie einmal um Mitternacht das Haus verlassen, so nimmt sie garantiert nicht Kurs auf einen Hexensabbat, sondern eilt zur nächsten 24-Stunden-Tanke mit reichhaltigem Lebensmittelangebot. Für eine moderne Hexe gilt in der Küche nur ein Grundprinzip: schnell, billig – aber gut!

Grundsätzliches

Bei uns Hexen von heute wirst Du vergeblich nach einem dicken, in Leder gebundenen Buch mit den Gesetzen der Magie suchen. Wir halten uns nicht an Regeln, und wenn doch, dann stellen wir sie selbst auf (allerdings können wir sie ebenso schnell, wie wir sie aufgestellt haben, auch wieder umwerfen). Unsere Lebensdevise heißt: Fun, fun, fun! Eine nicht repräsentative Umfrage unter allen uns bekannten Hexen ergab jedoch einige erstaunliche Übereinstimmungen, wenn es um das Thema »Küche« ging. Wir haben sie für Dich zusammengefaßt.

Die Zehn Gebote für jede moderne Hexe

1. Schleppe niemals Einkaufstüten und Getränkekisten, denn dafür gibt es
   a) den Deppen, mit dem Du zusammenwohnst
   b) gute Super- und Getränkemärkte mit Lieferdienst.
2. Wirf niemals Flyer von Pizza-, China- oder Fast-food-Taxis weg, sondern bewahre sie an einem sicheren Ort auf (allerdings nicht an der Pinnwand über dem Telefon oder an der Kühlschranktür. Eine echte Hexe läßt sich nicht in die Karten gucken!).
3. Suche Dir Deine Freunde nicht nach dem Geld aus. Das wäre charakterlos – und dämlich. Viel nützlicher ist es, mit dem schnuckeligen Kellner von dem In-Mexikaner um die Ecke befreundet zu sein. Was könnte vor Deinen Freundinnen besser wirken, als wenn Dir Miguel mit verschwörischer Miene mindestens drei köstliche Vorspeisen

zusätzlich auftischt, von denen sich selbstredend keine einzige auf der Rechnung wiederfindet?
4. Mache niemals und unter keinen Umständen den Abwasch, so etwas paßt nicht zum Image einer modernen Hexe! Wenn Du keine Geschirrspülmaschine hast, benutze Pappteller und Einweggeschirr. Kochst Du für Gäste, dann erzähle ihnen schon vor dem Essen, daß Du eine Spülmittelallergie oder Neurodermitis hast. Nur herzlose Menschen (die natürlich sofort aus Deinem Bekanntenkreis zu verbannen sind) werden es dann zulassen, daß Du Dich auf das dreckige Geschirr stürzt.
5. Bei Lebensmitteln kannst Du getrost sparen, da kann es ruhig das Toastbrot von Aldi oder der Gouda von Penny sein. Bei Getränken allerdings sollte eine moderne Hexe nicht auf das Geld sehen, da halten wir es ganz mit unserem Leitspruch: »*Life's too short to have bad drinks!*«

6. Dasselbe gilt auch für Accessoires. Niemand merkt, daß die Scampis aus der Tiefkühltruhe des Discounters um die Ecke sind und es sich bei dem Kaviar um das beliebte Forellenimitat handelt, wenn er zuvor an einer liebevoll bzw. exquisit gedeckten Tafel Platz genommen hat. Hier lohnt sich im übrigen die Anschaffung von versilbertem Besteck – braucht ja nur 'ne Minimalauflage zu haben und kann ruhig vom Flohmarkt stammen (»ein Erbstück meiner Großmutter«).
7. Für Dates gilt grundsätzlich – je beschissener Dein Essen, desto tiefer Dein Dekolleté.
8. Bist Du irgendwo zum Essen eingeladen, und es schmeckt Dir überhaupt nicht, widerstehe in jedem Fall der Versuchung, den/die Gastgeber/in trotzdem für das vorzügliche Mahl zu loben. Sonst kann nämlich folgendes passieren: Entweder Du bekommst in Zukunft bei jedem Besuch das gleiche,

ungenießbare Zeug vorgesetzt, oder Dein Liebster notiert sich begeistert das Rezept, um Dich am nächsten Wochenende damit zu überraschen.
9. Je simpler das Gericht, desto komplizierter muß der Name sein, den Du Dir dafür ausdenkst.
10. Heirate reich und laß sofort eine Köchin einstellen!

Na gut, bis Du das zehnte Gebot in die Tat umgesetzt hast, mußt Du wohl oder übel noch eine Weile selbst den Kochlöffel schwingen (es sei denn, Du bist schon von Hause aus so wohlhabend, daß Du sowieso immer nur auswärts essen gehst. In diesem Fall fragen wir uns allerdings, wie Du an dieses Buch hier kommst? Da es eher unwahrscheinlich ist, daß Du es Dir selbst gekauft hast, solltest Du Dir die Frage stellen, was der Schenker, Dir damit sagen will …). Fangen wir also mit ein paar Dingen an, die Du unbedingt in Deiner Hexenküche haben solltest.

Die Grundausstattung für die moderne Hexenküche

1. Mikrowelle
2. Tiefkühltruhe (mindestens 50 l Fassungsvermögen)
3. Tupperdosen in allen Größen
   (Zu jedem Besuch bei Muttern möglichst viele leere Dosen mitnehmen und anschließend gefüllt wieder mit nach Hause nehmen.)
4. Wasserkocher
5. Mindestens zwei Korkenzieher und zwei Flaschenöffner
   (Einer geht im entscheidenden Augenblick immer kaputt.)
6. Dosenöffner
7. Geschirrspülmaschine
   (Schon klar, viele halten das für puren Luxus. Für uns moderne Hexen aber ist Luxus gerade gut genug!)

Soweit zu den Haushaltswaren und -geräten, die (neben Tellern, Besteck und Gläsern) auf alle Fälle in Deiner Küche zu finden sein sollten. Aber auch ein paar Lebensmittel solltest Du immer (immer!) im Haus haben. Aus diesem unverzichtbaren Notvorrat lassen sich nämlich auch nach einer vierwöchigen Schneekatastrophe oder der Pfändung Deines letzten Gehaltsschecks noch genießbare Gerichte auf den Tisch zaubern. Wenn Du Dich an die folgende Liste hältst, kann eigentlich nichts mehr schiefgehen.

Absoluter Survival-Notvorrat für die moderne Hexe

Gewürze und ähnliches
Salz
Pfeffer (schwarz und grün)
Zucker
Kräuter der Provence
Grillhähnchengewürzmischung
Paprikapulver (süß und scharf)
Curry

Muskatnuß
(Eine kleine Reibe sollte frau schon im Haus haben.)
Senf
Ketchup
Mayonnaise
Knoblauch
Zwiebeln
Zitronensaft

Süßes

Schokoflocken
(Wir empfehlen »zartbitter«.)
Nutella
(Ach, Boris ...)
Sprühsahne
(Zugegeben, das ist was für die ganz Harten.)
Honigsmacks
(Damit steigen auch die Chancen, einen Atomschlag
zu überleben, vor allem in der Kombination mit
Nutella.)

Konserviertes

Tomatenmark aus der Tube
Tomato al Gusto Champignon

Geschälte Tomaten in der Dose
(Also, von Tomaten kann frau eigentlich nie genug im Haus haben.)
Eingeschweißter Schinkenspeck
Eingeschweißter Käse
Pesto
(Wichtig, denn damit kann eine Hexe fast alles retten, würzen, strecken – außer vielleicht die Honigsmacks ...)
H-Milch
H-Sahne
Ananas in der Dose
Möhren in der Dose
Mexiko-Mischung in der Dose

Je nachdem, wieviel Platz in Deiner Küche ist, solltest Du so viele Dosen bunkern wie möglich!

Alkoholisches
Sherry (medium und dry)
Rotwein
Cognac
Rum

Sonstiges

Spaghetti
Öl/Olivenöl
Parmesan
(Der hält gut eingepackt im Kühlschrank wirklich ewig.)
Eier
Blätterteig (tiefgefroren)
Toastbrot
(Das läßt sich prima einfrieren und scheibenweise entnehmen.)
Mozzarella
(Der hält sich im Kühlschrank etwa zwei Wochen.)

Außerdem sollte jede moderne Hexe eine Badewanne haben. Warum das? Du erfährst es im letzten Kapitel …

Ebbe im Kühlschrank

Sonntagnacht, Du kommst von Deinem dreiwöchigen Urlaub auf Mauritius wieder nach Hause (na ja, vielleicht warst Du ja auch nur wie Susan Stahnke bei Deinen Eltern in Hameln – aber im Gegensatz zu unserem neuen Hollywoodstar würdest Du das als moderne Hexe natürlich nie im Leben freiwillig zugeben!) –, und im Kühlschrank lächelt Dir einzig und allein eine leere Tube Senf entgegen. Bei den Nachbarn kannst Du jetzt nicht mehr klingeln (Spießer), und Deine Mutter wohnt etwa 800 Kilometer von Dir entfernt (was eigentlich auch gut ist). Gott sei Dank hast Du ja noch Deinen Notvorrat aus dem vorigen Kapitel. Kombiniert mit ein paar kulinarischen Extras aus der 24-Stunden-Tanke um die Ecke lassen sich damit wahre Hexenwunder vollbringen.

Wunderbare Welt der Tiefkühlkost

Geschnetzeltes in Sherrysauce (2 Personen)

2 Zwiebeln (Notvorrat)
1 Packung Bœuf Stroganoff
(tiefgefroren, 250 g)
Ein guter Schuß Sherry
(medium, Notvorrat)
100 ml süße Sahne
1 Messerspitze Zucker (Notvorrat)
Grüner Pfeffer (Notvorrat)
Salz (Notvorrat)

Als erstes die Zwiebeln schälen und würfeln. Für empfindliche Hexen empfiehlt sich hierbei eine Skibrille. Die Zwiebeln mit etwas Öl in einer Pfanne glasig braten, dann das *Bœuf Stroganoff* hinzugeben. Zusammen mit dem Sherry etwa 10 Minuten aufkochen. Anschließend die Sahne unterrühren und das Ganze mit den Gewürzen abschmecken. Dazu passen Basmati-Reis, Rösti, Kroketten oder Spätzle.

Hexentip: Mit ein paar gewürfelten Gewürzgurken schmeckt das *Bœuf Stroganoff* wie gerade selbst gezaubert.

Calzone Hawaii
1 Pizza Magherita (tiefgefroren)
1 Dose Ananas (Notvorrat)
1 Packung gekochter Schinken
1 Packung Mozzarella
(Bei großen Tankstellen findest Du
ihn im Kühlregal.)

Die Pizza auftauen (ca. 30 Minuten), den Backofen auf 225° C vorheizen. Zwei Scheiben gekochten Schinken in dünne Streifen schneiden (den Rest der Packung gibt's am nächsten Tag zum Frühstück). Dann den Mozzarella hobeln. Die Ananas über einem Sieb gut abtropfen lassen (den Saft nicht wegschütten – den kannst Du noch gut für die »Walpurgisnächte« im vorletzten Kapitel verwenden. Aber bitte nicht mehr, nachdem er drei Monate im Kühlschrank stand!) und in Stücke schneiden. Schinken, Mozzarella und Ananasstücke gleichmäßig auf einer Pizzahälfte verteilen. Anschließend die Pizza zusammenklappen und die Ränder fest zusammendrücken. Jetzt ab in den Ofen! Nach 15 Minuten heißt es *Viva Italia!*

> **Hexentip:** Die *Calzone* von außen mit Öl bestreichen, dann schmeckt sie wie selbstgemacht.

Maultaschen Italiano

- 1 Packung Maultaschen (tiefgefroren)
- 4 EL Pesto (Notvorrat)
- 1 EL Olivenöl (Notvorrat)
- 1 Stück Parmesan (ca. 50 g, Notvorrat)
- 1 Knoblauchzehe (Notvorrat)

Die Maultaschen 10 Minuten in der Mikrowelle (ohne Mikrowelle dauert's ungefähr eine Stunde) auftauen lassen. Danach in gleichmäßige Streifen schneiden. Die Maultaschenstreifen in der Pfanne von beiden Seiten kurz anbraten. Das Pesto zusammen mit dem Olivenöl und der ausgedrückten Knoblauchzehe in einem Topf erhitzen. Die Maultaschen auf einem Teller anrichten, das Pesto gleichmäßig darauf verteilen. Dann den Parmesankäse in groben Spänen darüberhobeln. *Buon appetito!*

Hexentip: Statt die Maultaschen zu braten, kannst Du sie auch im Stück in Salzwasser kochen.

Manches Famose kommt aus der Dose

Hähnchenschenkel in Spargelsauce

1 Dose Spargelcremesuppe
2 Hähnchenschenkel (tiefgefroren)
1 Knoblauchzehe (Notvorrat)
1 Schuß Sherry
(medium oder dry, Notvorrat)
Salz, Pfeffer
(Notvorrat)

Die Hähnchenschenkel auftauen lassen, salzen und pfeffern. In einer Pfanne von beiden Seiten kurz scharf anbraten. Aus der Pfanne herausnehmen und in Alufolie einwickeln (so bleiben die Schenkelchen schön warm). Den Bratensatz in der Pfanne mit Sherry ablöschen, die Spargelcremesuppe hinzugeben und das Ganze einmal kurz aufkochen. Dann die Hähnchenschenkel dazugeben und bei geschlossener Pfanne ca. 20 Minuten in der Spargelsauce köcheln lassen. Dazu schmeckt am besten eine schöne Reismischung.

Hexentip: Ein Löffel Crème fraîche oder Crème double gibt dem Ganzen einen Hauch Raffinesse.

Ragout Fin
1 Dose Ragout Fin
1 Spritzer Zitronensaft
2 Blätterteigpasteten
(gibt's als Fertigprodukt)
Mandelblättchen (schmeckt auch ohne!)
100 ml süße Sahne

Den Backofen auf 200° C vorheizen. Die Mandelblättchen (wenn vorhanden) in einer Pfanne goldbraun anrösten. Das *Ragout Fin* in einem Topf erhitzen. Die Sahne, evtl. die Mandelblättchen und den Spritzer Zitronensaft hinzufügen. Die Pasteten für 10 Minuten im Ofen aufbacken. Auf vorgewärmtem Teller die Pasteten mit dem *Ragout Fin* auffüllen und mit einem schönen Glas Weißwein genießen.

Hexentip: Exotisch wird dieses Gericht durch gewürfelten Pfirsich aus der Dose und einen Hauch Curry.

Ratatouille St. Petersburg
- 1 Dose Möhren (Notvorrat)
- 2 EL Tomatenmark (Notvorrat)
- 1 Dose geschälte Tomaten (Notvorrat)
- 2 Dosen Mexiko-Mischung (Notvorrat)
- 2 Zwiebeln (Notvorrat)
- 2 Knoblauchzehen (Notvorrat)
- 1 EL Pesto (Notvorrat)
- 1 EL Olivenöl (Notvorrat)
- Salz, Pfeffer (Notvorrat)

Zunächst die Zwiebeln und die Knoblauchzehen schälen und kleinhacken. Die geschälten Tomaten mit einem Stabmixer pürieren. Dann die anderen Gemüse in einem Sieb gut abtropfen lassen. Knoblauch und Zwiebeln in einer Pfanne glasig braten. Mexiko-Mischung, Tomatensauce, Möhren, Tomatenmark und Pesto hinzufügen. Das Ganze 25 Minuten köcheln lassen. Mit dem Olivenöl und den Gewürzen abschmecken. Dazu passen Reis oder Nudeln.

> **Hexentip:** Das *Ratatouille* im Zweifelsfall lieber etwas länger brutzeln lassen.

Carpaccio Viennese mit Insalata Patata
1 Dose Wiener Würstchen
1 Packung Kartoffelsalat
Senf

Mit wenigen Handgriffen steuerst Du hiermit einem neuen kulinarischen Höhepunkt entgegen: Dose auf, Würstchen raus, Messer her, Würstchen in hauchdünne Scheiben schneiden und dann für 30 Sekunden in die Mikrowelle. Liebevoll den Kartoffelsalat aus der Packung nehmen und neben dem Würstchen-*Car-*

paccio auf einem Teller anrichten. Einen Tupfer Senf dazu – fertig! Während Du dieses tolle Mahl genießt, wirst Du Dich unweigerlich fragen, weshalb Paul Bocuse noch nicht bei Dir angerufen hat, um sich ein paar Tips zu holen. Hierfür gibt es wohl nur eine Erklärung: der blanke Neid!

> **Hexentip:** Gehe zu einem guten Italiener Deiner Wahl ...

Schlemmeraprikosen mit Schokoflocken

 1 Dose Aprikosen (halbiert, Notvorrat)
 Sprühsahne (Notvorrat)
 Schokoflocken (zartbitter, Notvorrat)

Unsere Antwort auf die Sachertorte: Schlemmeraprikosen! Wenn Dich nachts um drei die zwanghafte Gier nach etwas Süßem packt, gibt's nur eine Möglichkeit: ab zu Aral oder BP und eine Dose Aprikosen gegriffen. Wieder zu Hause, füllst Du diese in ein Schälchen und streust die Schokoflocken aus Deinem Notvorrat darüber. Jetzt gießt Du etwas von dem in der Dose verbliebenen Fruchtsirup dazu und, wenn Du schwanger bist oder es Dir auch sonst vor nichts graut, garnierst Du das Ganze mit einem kräftigen Schuß Sprühsahne.

Hexentip: Nach dem Genuß dieser Speise sollst Du einen großen Bogen um unser letztes Kapitel zum Thema »Kalorien« machen …

Liebe geht
durch den Magen

Du hast also diesen tollen Typen kennengelernt und ihn zu Dir nach Hause zum Essen eingeladen? Offensichtlich bist Du wirklich verliebt. Andernfalls hättest Du ihn als echte Hexe ungefähr fünf- bis zehnmal in ein Restaurant mit mindestens zwanzig Gaul-Millaut-Punkten geschleift und ihn in dem Moment, wenn seine Kreditkarte vom Oberkellner eingezogen und in der Mitte durchgeschnitten wird, mit den Worten »Lassen Sie mich, ich kenne Sie nicht!« stehenlassen. Aber nun gut, es hat Dich tatsächlich erwischt, sowas kann der besten Hexe passieren.

Jetzt kommt es natürlich darauf an, daß Du ihm ein *menue d'amour* servierst. Also sozusagen etwas, das ihm im wahrsten Sinne des Wortes die Schuhe auszieht (und wenn's geht auch noch den Rest …).

Traditionelle Hexen bauen dabei seit Jahrtausenden auf geheimnisvolle Aphrodisiaka, die den Auserwählten angeblich bis ans Ende seiner Tage willenlos machen sollen. Da werden Fingernägel in die Suppe geraspelt, verbrannte Haare unter den Nachtisch gemixt oder auch mal ein paar Regenwürmer aus dem heimischen Garten im Nudelgericht versteckt. Kann frau sicher alles einmal ausprobieren, aber im Zweifelsfall bedankt sich der Liebste eher mit einer Anzeige wegen Körperverletzung als mit heißen Liebesschwüren. Dann gibt es auch noch »Kolleginnen«, die Dir dazu raten, im Garten bei Neumond ein bißchen Basilikum zu verbuddeln und dabei in Gedanken an *ihn* sanfte Liedchen zu trällern. Laß es! Damit handelst Du Dir höchstens Ärger wegen nächtlicher Ruhestörung ein! Für das Basilikum findest Du bestimmt eine bessere Verwendung (zusammen mit Tomaten und Mozzarella kann frau damit vielleicht nicht den

Mann ihrer Träume auf ewig an sich binden –, aber immerhin ergeben diese Zutaten eine akzeptable Mahlzeit).

Eine moderne Hexe weiß, wie sie einen Mann lebenslang um den Finger wickelt: indem sie in Aussicht stellt, ihm jeden Abend eine köstliche Mahlzeit zu servieren. Keine Sorge, natürlich geben wir Dir hier nicht den Tip, zum fleißigen Küchenlieschen zu mutieren. Hast Du den Mann Deiner Träume erst einmal am Haken, kannst Du augenblicklich Kochlöffel und Bratpfanne fallenlassen und es Dir wieder auf dem Sofa bequem machen. Jetzt aber erst einmal zu den Rezepten, die jeden Mann schwach machen. Sie stammen – wie könnte es anders sein – aus dem Land der Liebe: *La France!* So manche fronzösiesche Exe iest damiet schon zu die Ziel gekomenn. *Et voilá!*

Vorspeisen

Champignons à la provençale

500 g kleine Champignons
4 EL Olivenöl
2 Knoblauchzehen
1 Lorbeerblatt
Salz, Pfeffer
Kräuter der Provence

Die Champignons putzen und waschen, anschließend gut abtropfen lassen. Die Knoblauchzehen schälen und in dünne Scheiben schneiden. Das Olivenöl in einer Pfanne erwärmen (nicht zu heiß werden lassen). Die Knoblauchscheiben darin andünsten, aber nicht braun werden lassen. Dann das Lorbeerblatt und die Champignons hinzugeben, mit Salz, Pfeffer und Kräutern würzen. Das Ganze 10 bis 15 Minuten lang bei mittlerer Hitze in zugedeckter Pfanne brutzeln lassen. Abschmecken, nach Bedarf noch einmal nachwürzen und abkühlen lassen. Dann

auf einem Teller nett anrichten (beispielsweise auf einem Salatblatt).
Eine leckere Variante: Geschälte Tomaten aus der Dose mit einem Stabmixer pürieren und zusammen mit den Champignons in die Pfanne geben.

> **Hexentip:** Diese Vorspeise läßt sich gut im voraus kochen, denn Du kannst sie bis zu zwei Tage lang im Kühlschrank aufbewahren.

Consommé mit Blätterteighaube

1 Consommé (gibt's in der Dose, als Fond im Glas oder als Brühwürfel)
1 Scheibe Blätterteig (tiefgefroren)
1 Eigelb

Für dieses Gericht brauchst Du zwei backofenfeste Suppentassen. Ist der Blätterteig einigermaßen aufgetaut, mit den umgekehrten Tassen zwei Blätterteigdeckel ausstechen. Die bereits vorher in einem Topf erhitzte *Consommé* in die

Tassen füllen, die Blätterteigdeckel auf die Tassen geben und am Rand fest andrücken. Mit dem Eigelb bestreichen und für 10 Minuten in den auf 180° C vorgeheizten Backofen stellen.

Schöne Variationen kannst Du mit verschiedenen Einlagen zaubern: Streichholzfein geschnittene Möhren, Zucchini oder Kohlrabi hinzufügen, die Streifen kurz in der heißen Suppe garen lassen, dann die Blätterteighaube aufsetzen – fertig ist die *Consommé à la julienne*. Raffiniert und »ehrlich selbst gemacht« sind auch folgende Bratklößchen: Einfach eine grobe Bratwurst kaufen, deren Füllung klößchenweise in die schon heiße Brühe drücken, 5 Minuten ziehen lassen und die Blätterteighaube aufsetzen.

Hexentip: Mit diesem simplen Gericht kann eine moderne Hexe mächtig Eindruck schinden, denn durch die Blätterteighaube wirkt selbst eine einfache klare Brühe wie eine Delikatesse. Eine echte *pôtage d'amour* zauberst Du, wenn Du Eure Initialen ebenfalls aus Blätterteig ausschneidest und sie mit Eigelb auf die Blätterteighauben klebst (natürlich, bevor Du die Suppentassen in den Ofen stellst!).

Hauptgerichte

Coq au vin à la maison
4 Hähnchenschenkel
6 große Kartoffeln (vorwiegend festkochend)
250 ml Rotwein
1 Schuß Cognac
1 Becher Crème fraîche mit Kräutern
2 Knoblauchzehen
1 Lorbeerblatt
Butterflocken
Grillhähnchengewürzmischung
Salz, Pfeffer, Kräuter der Provence

Zuerst den Backofen auf 200° C vorheizen. Die Hähnchenschenkel waschen und trockentupfen, von beiden Seiten großzügig mit Grillhähnchenwürze einreiben und in einer Pfanne bei hoher Hitze beidseitig *kurz* anbraten. Die Kartoffeln schälen und in mittelgroße Würfel schneiden. Die Crème fraîche mit Rotwein und Cognac verrühren und mit Salz, Pfeffer und Kräutern der Provence abschmecken. Dann die Knoblauchzehen hineindrücken und das Lorbeerblatt dazugeben. Diese Sauce kann ruhig kräftig gewürzt sein, weil die Kartoffeln später einen Großteil des Aromas in sich aufnehmen. Die Kartoffeln in eine große feuerfeste Form geben, die Hähnchenschenkel darauflegen und alles mit der Sauce übergießen. Zum Schluß die Butterflocken auf die Hähnchenschenkel geben. Die Form mit Alufolie abdecken und für 45 Minuten in den Ofen stellen. Die letzten 5 Minuten die Folie entfernen und den Grill einschalten. So werden die Hähnchenschenkel schön knusprig. Zum Essen solltet Ihr den gleichen Rotwein trinken, den Du auch für das *Coq au vin* verwendet hast (am besten paßt ein kräftiger Rioja oder Bordeaux).

Hexentip: Dieses Gericht eignet sich hervorragend für aufwendiges Styling in letzter Minute. Während das *Coq au vin* eine Dreiviertelstunde lang im Ofen schmurgelt, bleibt Dir genug Zeit, aus Dir selbst ein »heißes Gericht« zu machen.

Schlemmerfilet à la bordelaise auf Spinatbett

- 1 Packung Schlemmerfilet bordelaise (tiefgefroren)
- 1 Packung Blattspinat (tiefgefroren)
- 1 kleine Zwiebel
- 1 Knoblauchzehe
- 1 TL Butter
- 50 ml Milch
- Salz, Pfeffer
- 1 Muskatnuß

Den Backofen auf 220° C vorheizen. Das Schlemmerfilet und den Spinat auftauen lassen. Die Zwiebel und den Knoblauch schälen und kleinhacken. In einer Pfanne Butter erhitzen, Zwiebel und Knoblauch kurz darin anbraten. Dann den Spinat und die Milch dazugeben, das Ganze zugedeckt 5 Minuten dünsten. Anschließend mit Salz und Pfeffer würzen, nach Belieben Muskatnuß darüberreiben. Eine Auflaufform einfetten und die Spinatmasse gleichmäßig darin verteilen. Das Schlemmerfilet auf das Spinatbett geben und die Auflaufform für 20 Minuten in den Ofen stellen.

Hexentip: Bei diesem Schlemmergericht kannst Du Dich als große Weinexpertin ausgeben. Bestens paßt hier eine gut gekühlte Flasche Weißwein, beispielsweise ein trockener Riesling Kabinett von der Mosel bzw. aus dem Rheingau (ca. zehn Mark).

Nachspeisen

Crème brûlée
 1 Vanilleschote
 250 ml süße Sahne
 2 Eier
 20 g Puderzucker
 20 g Zucker

Diese Schleckerei nimmt zwar etwas mehr Vorbereitungszeit in Anspruch, aber die Mühe lohnt sich! Am besten, Du kochst sie schon am Tag vor Deinem Date.
Den Backofen auf 200° C vorheizen. Die Vanilleschoten aufschneiden und das Mark herauskratzen, die Schote und das Mark zusammen mit der Sahne in einem Topf zum Kochen bringen. Die Eier mit dem Puderzucker verrühren, dann die heiße Vanillesahne nach und nach darunterrühren. Diese Masse in zwei feuerfeste Förmchen füllen, etwas Wasser in die Fettpfanne des Ofens (*Achtung:* Damit

meinen wir ein tiefes Backblech) geben und die Förmchen hineinstellen. Nun muß die *Crème brûlée* 90 Minuten lang im Ofen garen. Anschließend kurz aus dem Ofen nehmen und den Zucker über die Crème verteilen. Jetzt etwa 5 Minuten lang unter den Grill stellen, bis der Zucker dunkelbraun karamelisiert ist. Zum Schluß die Förmchen mehrere Stunden, am besten über Nacht, in den Kühlschrank stellen. *Vorsicht:* Erst in den Kühlschrank stellen, wenn die Förmchen etwas ausgekühlt sind (wir übernehmen keine HAFTUNG). Eiskalt servieren.

Hexentip: Wenn Dein Backofen keinen Grill haben sollte (was bedauerlich wäre), heize den Ofen auf 275° C und schiebe die Förmchen für etwa 7 Minuten auf die oberste Einschubleiste.

Pommes à la bourgoise

- 2 große Äpfel (beispielsweise Braeburn oder Jona Gold)
- 1 Vanilleschote
- 125 ml Wasser
- 150 g Zucker
- 2 Eigelb
- 15 g Mehl
- 125 ml Milch
- 20 g Krokant
- 10 g Mandelstifte
- 1 TL Butter

Zuerst den Backofen auf 200° C vorheizen. Die Äpfel waschen, trocknen und rund um das Gehäuse ausstechen. Eine Hälfte der Vanilleschote aufschlitzen, dann zusammen mit dem Wasser und 100 g Zucker aufkochen, bis sich der Zucker vollständig aufgelöst hat. Die Äpfel in den Sirup geben und bei milder Hitze so lange ziehen lassen, bis sie gar sind (die Äpfel dürfen nicht zerfallen). Den restlichen Zucker und die Eigelb mit dem Handrührer schaumig schlagen. Anschließend das

Mehl hinzufügen und noch einmal mixen. Nun wird die andere Hälfte der Vanilleschote mit der Milch zusammen erhitzt. In die heiße Milch die Eigelbmasse geben und unter Rühren noch ca. 1 Minute weiterköcheln lassen. Diese Creme in eine Auflaufform gießen. Die Äpfel zuerst mit Krokant füllen, dann in die Creme stellen. Jetzt die Mandelsplitter in Butter anrösten, sobald sie goldbraun sind, über die Äpfel streuen. Die Form für ca. 10 Minuten in den Ofen stellen. Warm servieren.

Hexentip: Mit Vanilleeis kannst Du Deinem Süßen heiß-kalte Schauer über den Rücken jagen! Ist er kein Eis-Fan, steht es Dir frei, statt dessen süße Sahne dazu zu servieren.

Zwei »passende« Drinks

Solltest Du Deinem Auserwählten zutrauen, daß er empfänglich für kleine Anspielungen ist (zugegeben, das ist bei Männern eher selten; den meisten muß frau schon mit dem Holzhammer zu Leibe rücken, ehe sie einen zarten Wink verstehen), kannst Du ihm auch symbolisch klarmachen, daß Ihr beide quasi das Traumpaar schlechthin seid. Serviere ihm einen Cocktail, und zwar empfehlen wir hier einen leckeren Mix namens *Adam & Eve*. Geschnallt? Na dann: auf an den Cocktail-Shaker!

Adam & Eve
(Liebesgehalt: 100 %)

  2 cl Gin
  2 cl Drambuie
  2 cl Amaretto
  1 cl Zitronensaft
  1 Spritzer Grenadine
  Eiswürfel

1 Zitronenscheibe
1 Cocktailkirsche

Die flüssigen Zutaten zusammen mit ein paar Eiswürfeln in einem Cocktail-Shaker kräftig schütteln, dann das Ganze in eine Cocktailschale gießen und zum Schluß mit der Zitronenscheibe und der Cocktailkirsche garnieren – fertig ist das (hoffentlich sündige) Getränk. Und wenn Ihr beiden nach Genuß dieses Cocktails noch immer nicht aus dem Paradies verjagt worden seid, solltest Du Dich vielleicht nach einem neuen Traummann umsehen. Oder aber, Du solltest etwas »schärfere« Geschosse auffahren.

Erotica
(17 % Alkohol)

2 cl Maracujalikör
2 cl Wodka
2 cl Ananassaft
6 cl Sekt
1–2 Spritzer Angostura

Eiswürfel
Ananasstücke
Cocktailkirschen

Die flüssigen Zutaten (außer den Sekt) zusammen mit ein paar Eiswürfeln in einem Cocktail-Shaker kräftig schütteln. Die Mischung dann durch ein Sieb in eine Sektschale abgießen und das Ganze mit eiskaltem, trockenem Sekt auffüllen. Auf einen Cocktailspieß abwechselnd Ananasstücke und Cocktailkirschen stecken und diesen über den Glasrand legen.

Wenn Du diesen Drink servieren möchtest, kannst Du geschickt ein paar verfängliche Wortspielereien einbringen. Zum Beispiel kannst Du das Objekt Deiner Begierde fragen, ob es etwas »Erotisches« möchte. Möglich, daß Du dann gar nicht mehr dazu kommst, ihm den Drink zu servieren, weil Ihr Euch auf einmal in den Kissen wälzt. Aber das sollte nur in Deinem Sinne sein …

Noch ein paar Worte zum Schluß: Requisiten wie Kerzenlicht, romantische Musik, guter Wein bzw. unsere Cocktail-Empfehlung sollten bei einem *dinner for two* selbstverständlich sein. Allerdings solltest Du aufpassen, daß Dein Opfer nicht zu tief ins Glas schaut, jedenfalls, wenn Du mit ihm am späteren Abend noch etwas anfangen willst! Fast noch wichtiger als ein gelungenes Menü ist, daß Du Dich selbst möglichst verführerisch »anrichtest«. Das beste Gericht findet nur wenig Anklang, wenn Du es in Birkenstocks und Jogging-Hose servierst.

Schwiegermütter und andere Katastrophen

Mit zwei simplen Worten gelingt es dem Durchschnitts-Lebenspartner in der Regel hervorragend, seine Liebste in helle Panik zu versetzen. Es handelt sich dabei unserer Einschätzung nach aber nicht etwa um »Ich gehe« oder »Haste zugenommen?« (letzteres löst meist lediglich eine verschärfte Heißhungerattacke aus) – für die sofortige Verhängung des Ausnahmezustands sorgt vielmehr die freudige Ankündigung: »Mutter kommt.« Na, Adrenalin pur? Geistig sofort einen Putzplan aufgestellt? Zum besten Fleischer der Stadt gestürzt? Weiberabend abgesagt, statt dessen alle erotische Literatur aus dem Bücherregal entfernt und durch Reader's Digest und die Bibel ersetzt? Ja? Vergiß es! Alles völlig falsch, weil: bringt nichts, kostet nur Nerven, und Schwiegermama wird trotzdem abreisen und sich wieder in ihrer Ansicht bestätigt sehen, daß die liebreizende Ex für ihren Supersohn die bessere Wahl gewesen wäre.

Eine wahre Hexe geht anders vor. Erstens: Relax. Nur entspannte Frauen können dieser Herausforderung wirklich souverän gegenübertreten. Zweitens: Weiberabend absagen? Quatsch! Noch ein paar Freundinnen dazuladen, mit der Order, Schampus mitzubringen. Dann – es muß ja schließlich geputzt werden – ein gutes Stadtmagazin mit großem Kleinanzeigenteil kaufen (zum Beispiel *Prinz*, *Szene*, *Tip* etc. …) und nach einer Anzeige durchforsten, die da etwa lauten müßte: »M, 26, gut gebaut, putzt nackt …« Drittens: Schick' Deinen Macker einkaufen – schließlich ist es seine Mutter. Nutze Du lieber die verbleibende Zeit, um Dir noch mal genüßlich auf Video die letzten zehn Folgen *Melrose Place* reinzuziehen. Danach solltest Du Dich intrigant und raffiniert genug fühlen. Viertens: Empfange

Mutti mit einem freudigen »Ich hab' gehört, du machst gerade Heilfasten. Na, ein bißchen was habe ich trotzdem vorbereitet.« Dann kannst Du eigentlich auch ruhigen Gewissens Vollkornkräcker mit Speisequark servieren. Sollte Deine Schwiegermutter aber trotzdem auf einer warmen Mahlzeit bestehen, empfehlen wir die folgenden 3-Gänge-Menüs, die Du garantiert auch Deinem Drachen als aufwendigste Kochkunst verkaufen kannst, ohne vorher Stunden in der Küche verbracht zu haben.

Menü Nr. 1
»Ente, Ente, Apfel«

Der Clou bei diesem Menü liegt in der Zeitersparnis, die durch die clevere Kombination von Vorspeise und Hauptgericht erreicht wird. Denn während Schwiegermutti noch über der Entenbrust schwelgt, schmurgeln die Entenkeulen bereits im

Ofen, um zum Hauptgang schön kroß serviert zu werden. Weil der Ofen ja sowieso schon heiß ist, sind die Bratäpfel anschließend nur noch ein Kinderspiel.

Vorspeise:
Glasierte Entenbrust im Waldorfbett

2 Entenbrustfilets
1 Becher Waldorfsalat (250 g)
1 EL Honig
1 TL Grand Manier (kann man als Flachmann kaufen, dann braucht man keine ganze Flasche)
100 g Butter
Salz, Pfeffer

Hauptgang:
Entenkeule mit Rotkohl und Klößen

4 Entenkeulen
200 g Butter
300 ml Rotwein

1 EL Balsamico-Essig
1 Glas Rotkohl
8 Backpflaumen
8 Kartoffelklöße (gibt's als Kochbeutel)
Salz, Pfeffer

Dessert:
Bratäpfel mit Marzipanfüllung

4 große Äpfel
100 g Marzipan-Rohmasse
Mandelblättchen
Rosinen

Die Letzten werden die Ersten sein – nach diesem biblischen Motto bereitest Du dieses leckere 3-Gänge-Menü zu. Laß' Dich vom Umfang des Rezepts nicht abschrecken. Die Vorbereitungszeit dauert nicht länger als eine Dreiviertelstunde – und die komplizierten Sachen wie Waldorfsalat und Kartoffelklöße kaufst Du in der Fertigversion.

Du beginnst mit dem Dessert: Die Äpfel waschen, trocknen und rund ums Gehäuse ausstechen. Die Marzipan-Rohmasse mit Rosinen vermischen und die Äpfel damit füllen. Als »Stöpsel« jeweils oben und unten ein Mandelblättchen auf das Marzipan drücken. In eine feuerfeste Form etwas Wasser geben und die Äpfel hineinstellen. Jetzt kannst Du Dich dem ersten und zweiten Gang widmen. Auf die Äpfel kommen wir später zurück.

Von den Entenbrustfilets die unteren Hautlappen entfernen, ebenso anhängendes Fett und die Sehnen (einfacher geht's, wenn man die Filets beim Schlachter kauft und dieser sie schon bratfertig zurechtschneidet). Die Bruststücke und Keulen salzen und pfeffern. In einer Pfanne 50g Butter erhitzen (die Pfanne nicht zu heiß werden lassen, sonst verbrennt die Butter!) und die Entenbrust von beiden Seiten anbraten. Nach ca. 10 Minuten ist sie innen rosa, nach einer Viertelstunde wäre sie dann gut durchgebraten – das ist für dieses Rezept aber nicht wünschenswert. Die Brust in Alufolie wickeln und bei 100° C im Backofen warm stellen.

Danach die Keulen in der Pfanne von beiden Seiten anbraten. Wenn sie goldbraun sind, aus der Pfanne nehmen und in eine feuerfeste Form geben. 50 g Butter und 50 ml Rotwein dazugeben. Die Brust aus dem Ofen nehmen, den Backofen auf 200° C hochschalten und die Keulen darin schmoren.

Das Fett aus der benutzten Pfanne abgießen. Den verbliebenen Bratensatz mit 150 ml Rotwein und 100 ml Wasser ablöschen und bei hoher Hitze auf die Hälfte einkochen lassen. Mit dem Balsamico-Essig abschmecken. Die Hitze herunterschalten, 50 g Butter unterrühren. Die Sauce durch ein Sieb in einen Topf geben und warm halten; sie ist für den Hauptgang gedacht.

50 g Butter in der Pfanne erhitzen, Honig hinzufügen. Wenn die Butter-Honig-

Masse karamelisiert (d. h. einen leichten Braunton annimmt und Bläschen wirft) mit Grand Manier ablöschen. Die Entenbrüste in dieser Masse wälzen.

Den Waldorfsalat in drei (oder vier, wenn Schwiegervater mitgekommen ist) Portionen teilen und auf Tellern anrichten. Dann die Entenbrüste in Scheiben schneiden und auf dem Waldorfsalat anrichten. Die Teller mit Alufolie abdecken, damit Du jetzt den zweiten Gang vorbereiten kannst, bevor Du den ersten auftischst.

Für den zweiten Gang 50 g Butter und den Rotkohl in einen Topf geben, umrühren, den restlichen Rotwein und die Backpflaumen hinzugeben. Das Ganze zugedeckt bei schwacher Hitze köcheln lassen. Dann die Kartoffelklöße nach Packungsanleitung zubereiten (dauert ca. 20 Minuten).

Während Ihr den ersten Gang vertilgt, brutzelt der zweite Gang in aller Seelenruhe in der Küche vor sich hin. Wenn Du den zweiten Gang servierst, schalte den Backofen auf 150° C herunter und stell die Form mit den Bratäpfeln hinein. Wenn Ihr mit den Keulen fertig seid, sind's die Äpfel auch.

Menü Nr. 2
»Lachs, Roastbeef, Rote Grütze«

Bei diesem Menü greifen wir noch einmal tief in die Trickkiste mit den sogenannten »Convenience-Produkten«. Alle Zutaten für dieses Menü kannst Du nämlich fertig kaufen. Selbst das Roastbeef gibt's vorgegart beim Metzger. Also, nix wie ran an den Herd und fertig los!

Vorspeise:
Graved Lachs auf Rösti mit Crème fraîche

1 Paket Graved Lachs (ca. 350 g)
6 EL Crème fraîche
6 Rösti (tiefgefroren)
50 g Feldsalat
1/2 Zitrone

Die Rösti auf mittlerer Hitze von beiden Seiten je 8 Minuten braten, bis sie goldbraun sind. Die Zitrone auspressen, den Saft unter die Crème fraîche rühren. Die Rösti auf drei Teller verteilen und den Lachs darauf anrichten. Die Crème fraîche entweder direkt auf den Lachs geben oder neben den Rösti plazieren. Dann die Teller mit dem Feldsalat dekorieren (den Feldsalat vorher *gut* putzen, sonst knirscht es zwischen Schwiegermutters Dritten!).

Hauptgericht:
Roastbeef mit Pellkartoffeln und Remouladensauce

700 g Roastbeef im Stück (gibt's vorgebraten beim
Schlachter; den auch gleich fragen, wie lange das Fleisch
zu Hause noch in den Ofen soll)
10 Kartoffeln (mittlere Größe)
1 Glas Remouladensauce

Die Kartoffeln gründlich waschen (am besten mit der Spülbürste abschrubben) und in einem Topf mit Wasser schnell zum Kochen bringen. Zugedeckt ca. 25 bis 30 Minuten garen lassen (*Tip:* mit einer Gabel testen, ob die Kartoffeln innen weich sind). Das Wasser abgießen, die Kartoffeln im offenen Topf kurz abdämpfen.

Während die Kartoffeln garen, das Roastbeef in den Backofen schieben (Garzeit und Temperatur richten sich nach den Angaben des Schlachters). Die Remouladensauce in ein Schälchen füllen. Mit ein bißchen Petersilie obendrauf kannst Du sie sogar als selbstgemacht verkaufen.

Vor den Augen Deiner begeisterten Schwiegermutter schneidest Du nun ein schönes rosé gebratenes Roastbeef auf.

> **Hexentip:** Pellkartoffeln können eine trockene Angelegenheit sein. Das vermeidest Du, indem Du etwas Butter auf den Tisch stellst oder sogar ein Päckchen Sour Cream besorgst (schmeckt hervorragend von »Block House« und gibt's in jedem Supermarkt).

Dessert:
Rote Grütze

2 Gläser Rote Grütze
1 Becher süße Sahne

Hier ist es überflüssig, viele Worte zu verlieren: die Zutaten sprechen für sich. Willst Du bei Schwiegermama so richtig

Eindruck schinden, kannst Du die Rote Grütze natürlich auch selber machen. Hier ein schönes Rezept von Oma Frederick.

> 500 g gemischte Früchte (tiefgefrorene oder frische Himbeeren, Erdbeeren, Johannisbeeren, Blaubeeren, Sauerkirschen)
> 15 g Speisestärke
> 2 EL Wasser oder Fruchtsaft
> 75 g Zucker
> 1 EL Vanillezucker

Die Früchte je nach Art vorbereiten, zerkleinern, einige schöne Beeren oder Fruchtstücke beiseite legen. Die Speisestärke mit etwas Wasser oder Fruchtsaft glattrühren. Die Früchte mit dem Zucker und Vanillezucker zum Kochen bringen (sie dürfen nicht zerfallen), die angerührte Speisestärke unterrühren und kurz mitkochen. Den Topf vom Herd nehmen. Die beiseite gelegten Fruchtstücke oder Beeren unter die Grütze mischen. In eine kalt ausgespülte Schüssel füllen und kalt stellen.

Hexentip: Oma Frederick serviert diese Grütze immer mit Vanilleeis.

So, die Schwiegermutter hätten wir damit »abgefüttert«, aber leider gibt es ja noch andere Menschen, die unverhofft unser trautes Heim aufsuchen könnten. Zum Beispiel der Chef. Schlimmer als der überraschende Besuch der Schwiegermutter? Keineswegs! Verfahre einfach wie oben beschrieben, nur daß die dazugeladenen Freundinnen nicht nur Schampus mitbringen, sondern auch noch alle möglichst tief dekolletiert erscheinen sollten. Die nächste Gehaltserhöhung ist Dir sicher!

Etwas anstrengend könnte es allerdings werden, wenn sich die Freundin mit ihren drei minderjährigen, antiautoritär erzogenen Kindern ankündigt. In diesem

Fall gibt es eigentlich nur eine einzige Möglichkeit: Organisier' kurzfristig einen Kindergeburtstag bei McDonald's, dann seid Ihr die Gören los (den Liebsten schickst Du natürlich als Erziehungsberechtigten gleich mit ins Fast-food-Paradies), und Deine Freundin kann sich getrost dem ursprünglich geplanten Weiberabend anschließen.

Ein ultimativer **Hexentip:** Wenn alle Stricke reißen, Du mit beiden Armen bis zum Ellenbogen in einem Gipsverband steckst oder Du schlicht und ergreifend nicht die geringste Lust hast, für die Schwiegermutter, den Chef oder andere Quälgeister den Kochlöffel zu schwingen, heißt die große Zauberformel: Party-Service!

Eine richtig clevere Hexe bist Du, wenn Du die Lieferung so timest, daß sie etwa eine halbe Stunde vor den Gästen eintrudelt. Alles aus der Verpackung nehmen, in verschiedene Schüsseln und Töpfe umfüllen – und dann gekonnt den Eindruck erwecken, daß Du mindestens drei Tage und Nächte selbst in der Küche geschuftet hast.

Walpurgisnächte

Wenn sich mehrere moderne Hexen abends versammeln und einen Riesenzauber veranstalten, nennt frau das »Walpurgisnacht«. Dahinter verbirgt sich eigentlich nur eins: Ein richtiger Klasse-Weiberabend! Wie aber genau sieht ein Weiberabend mit modernen Hexen aus? Ums Feuer tanzen, den Mond anbeten und ein Wettrennen auf dem Staubsauger? Nein, eine moderne Hexe läßt's bei der »Walpurgisnacht« so richtig krachen! Da wird die Stereoanlage bis zur Schmerzgrenze aufgedreht (das Klopfen der Nachbarn hört frau dann ohnehin nicht mehr) und gefetet bis zum Morgengrauen. Männer: Unerwünscht! Es sei denn, sie machen sich in der Küche nützlich, servieren einige kleine Snacks und machen sich ansonsten unsichtbar.

Kleine Snacks für einen gelungenen Weiberabend

Mexikanische Maiscremesuppe
(4 Personen)

- 1 Zwiebel
- 2 Möhren
- 1 große Kartoffel
- 1 EL Öl
- 1 Dose Mais (Abtropfgewicht 300 g)
- 1 Becher süße Sahne
- 500 ml Hühnerbrühe (Würfel)
- 1 Lorbeerblatt
- Pfeffer
- 100 g Parmaschinken
- 1 Bund Schnittlauch

Zuerst die Zwiebel schälen und würfeln. Dann die Möhren und Kartoffeln schälen und in Scheiben schneiden. Das Ganze in heißem Öl andünsten. Den Mais (mit Flüssigkeit!), die Sahne, die Hühnerbrühe, das Lorbeerblatt und Pfeffer in einen Topf geben, das angedünstete Gemüse hinzufügen und im geschlossenen Topf 30 Minuten garen. In der Zwischenzeit den Schinken in ca. 2 cm breite Streifen schneiden. *Vorsicht:* Nach dem Kochen muß das Lorbeerblatt aus der Suppe entfernt werden!!! Danach die Suppe mit einem Stabmixer pürieren, in eine Schüssel füllen, mit dem Schinken und dem gehackten Schnittlauch garnieren und servieren.

Hexentip: Weil nicht alle Schinken mögen (Vegetarier!), kannst Du ihn auch in ein Schälchen füllen, damit sich jeder nach Belieben etwas davon in die Suppe tun kann.

Käsestangen

Dieses Rezept hat den Vorteil, daß Du es gut für eine spontane Party vorbereiten kannst, weil alle Zutaten dafür zum Notvorrat gehören. Jedenfalls dann, wenn Du dieses Buch hier ordentlich gelesen hast!

1 Paket Blätterteig
(tiefgefroren)
200 g Käse
(je nach Geschmack Leerdamer oder Emmentaler)
1 Muskatnuß
2 Eigelb
1 TL Paprikapulver
Salz, Pfeffer

Den Backofen auf 220° C vorheizen. Die einzelnen Scheiben Blätterteig nebeneinander legen und auftauen lassen. Das dauert ungefähr eine Viertelstunde. Danach die Scheiben in ca. 2 cm dicke Streifen schneiden. Die beiden Eigelb mit dem Paprikapulver verquirlen und damit die Blätterteigstreifen gleichmäßig bestreichen. Den Käse in dünne Streifen hobeln. Die Blätterteigstreifen in der Mitte mit Käse belegen. Mit Salz und Pfeffer bestreuen und je nach Geschmack etwas Muskatnuß darüberreiben. Ein Backblech mit Backpapier belegen, darauf die Käsestangen plazieren und darauf achten, daß diese nicht zu nah nebeneinander liegen. Im Ofen auf mittlerer Höhe ca. 15 Minuten backen. Dann das Blech herausnehmen und die Käsestangen ca. 10 Minuten auskühlen lassen (sonst verbrennen sich gierige Schlemmerhexen gern mal den Mund).

Hexentip: Statt Schmelzkäse kannst Du auch Feta auf den Blätterteig bröseln. Schmeckt schön herzhaft!

Frikadellen »Schnelle Art«

Wenn Du überhaupt keine Lust oder Zeit hast, etwas vorzubereiten, empfehlen wir Dir dieses Rezept.

Grobe Bratwurst
(pro Person ca. 150 g)
Öl

Einfach die rohe Bratwurst aufschneiden, das Hackfleisch entnehmen und zu kleinen Bällchen formen. In einer Pfanne mit etwas heißem Öl goldbraun braten, fertig sind die Bulletten!

Hexentip: Erzähl' es niemandem …

Ansonsten brauchst Du nur noch Chips, Flips, Erdnüsse und Salzstangen in rauhen Mengen, dann kann die Party losgehen!
Aber – da fehlt doch noch was …!

Cocktails, Cocktails, Cocktails

Etwas vorweg: Cocktails sind eine schöne Sache, vor allem, weil es Spaß macht, mit verschiedenen Zutaten herumzuexperimentieren. Allerdings geben wir Dir den guten Rat, an einem Abend nicht unbedingt mehr als drei Cocktails auszuprobieren. Auch wenn sie noch so lecker schmecken mögen – nicht jeder Magen verträgt eine wilde Mixtur aus Whiskey, Gin, Campari, Wodka und Tequila!

Caipirinha
(31 Umdrehungen)

Ein absoluter Klassiker unter den Cocktails, und noch nicht einmal besonders schwierig zuzubereiten.

> 6 cl Cachaca
> 2 cl Zuckersirup
> 4 Limetten
> zerstoßenes Eis

Zuerst die Limetten vierteln und über einem normalen (Whiskey-) Glas ausdrücken, aber nicht wegwerfen, sondern ebenfalls ins Glas geben und mit einem Stößel noch ein wenig ausdrücken (das gibt dem Ganzen noch mehr Aroma). Dann das Glas fast bis zum Rand mit dem gestoßenen Eis auffüllen und den Zuckersirup und Cachaca hinzugeben. Alles gut verrühren und mit einem Trinkhalm servieren.

Adonis
(16 % Alkohol)

Für einen Weiberabend genau das Richtige! Oder würdest Du nicht gern mal einen Adonis vernaschen?

> 2 cl Sherry (dry)
> 2 cl Vermouth (rosso)
> 1 Spritzer Orange-Bitter
> Eiswürfel
> 1 Zitronenscheibe

In einem Glas Sherry, Vermouth und Orange-Bitter mit ein paar Eiswürfeln gut verrühren. Das Ganze durch ein Sieb in eine Cocktailschale abgießen. Die Zitronenscheibe ausdrücken und den Saft direkt in den Drink geben.

Harvey Wallbanger
(trotz des vielversprechenden Namens nur 14 % Alkohol)

Hol Deine Aerosmith-Platten raus, zieh Dir ein gebatiktes T-Shirt über und häng' ein Plakat von Woodstock auf – schon haben Deine Freundinnen und Du eine echte Hard-Rock-Night! Dieser Drink hier paßt bestens, wenn Ihr Euch beim Headbangen einmal so richtig den Nacken verrenken wollt!

- 5 cl Wodka
- 2 cl Galliano
- 12 cl Orangensaft
- Eiswürfel
- 1 Kumquat
- 1 Orangenscheibe

Die Eiswürfel in ein großes Glas geben und darüber den Orangensaft gießen. Gut umrühren! Den Galliano hinzufügen, danach aber nicht mehr umrühren! Mit der Kumquat und der eingeschnittenen Orangenscheibe garnieren.

Schlammbowle
(Umdrehungen: unbekannt. Wirkung: umwerfend.)

In Ordnung, *Schlammbowle* klingt nicht wirklich schick und hip, aber jede moderne Hexe weiß, daß sie in ihrer Wirkung um so phänomenaler ist. Wir persönlich haben jedenfalls schon unsere Erfahrungen damit gemacht ...

- 2 l Bitter Lemon
- 2 l Wodka (für zartbesaitete Naturen tut's auch einer)
- 2 Gläser Schattenmorellen
- 2 l Vanilleeiscreme
- große Schüssel (mindestens 8 l Fassungsvermögen)

Die Schattenmorellen durch ein Sieb abgießen. Den Saft nicht wegschütten, der kommt später wieder dazu! Dann die Schattenmorellen für ein bis zwei Stunden in die mit Wodka gefüllte Schüssel geben.
Achtung, ernstzunehmende Warnung: Die Schattenmorellen nicht länger einlegen!

Eine Bekannte servierte vor einiger Zeit bei einer Party eine *Schlammbowle*, für die sie die Schattenmorellen über Nacht in der Schüssel mit Wodka gelassen hatte. Nur soviel: An die Party kann sich niemand mehr so richtig erinnern …

Dann das Bitter Lemon in die Schüssel gießen. Alles gut umrühren. Etwa 10 Minuten, bevor die ersten Gäste kommen, das Vanilleeis daraufgeben. In Bechern mit einem kleinen Spieß (für die Früchte) servieren.

Prince Charles
(17 % Alkohol)

Für alle, die es etwas vornehmer mögen, dürfte dieses »königliche« Getränk angesagt sein. Keine Sorge! Uns ist bisher noch nicht bekannt, daß frau davon Segelohren bekommt.

- 2 cl Cognac
- 1 cl Curaçao Orange
- 12 cl Champagner

1 Spritzer Angostura
Eiswürfel
1 Cocktailkirsche
1 Zitronenscheibe

Ein paar Eiswürfel in eine Sektflöte geben und mit Cognac, Curaçao und Angostura auffüllen. Zum Schluß mit der Cocktailkirsche und der halbierten Zitronenscheibe garnieren.

Pina Colada
(9 % Alkohol)

Du willst bei Deinem Weiberabend einen Hauch von Karibik in Dein Wohnzimmer zaubern? Dann müssen Deine Freundinnen entweder alle im Baströckchen erscheinen – oder aber Du servierst ihnen einen echten Sunshine-Drink!

6 cl Rum (weiß; braun geht auch, verändert allerdings die Farbe des Drinks)
12 cl Ananassaft
5 cl Cream of Coconut

2 cl süße Sahne
gestoßenes Eis
Ananasstücke
1 Cocktailkirsche

Ein schönes, großes Glas bis zur Hälfte mit gestoßenem Eis füllen. Die flüssigen Zutaten zusammen mit den Ananasstücken in einem Elektromixer gut durchmixen. Anschließend das Ganze in das mit Eis gefüllte Glas gießen und gut umrühren. Mit einem weiteren Ananasstück und der Cocktailkirsche garnieren und mit zwei Trinkhalmen servieren.
Achtung: Dieses Getränk ist ziemlich süß und nur echten Schleckermäulern zu empfehlen.

Margarita
(31 Umdrehungen)
Für die modernen Hexen, die nicht unbedingt auf etwas Süßes stehen.

- 4 cl Tequila (weiß)
- 1 cl Curaçao Triple Sec
- 1 cl Zitronensaft
- 4 g Salz
- Eiswürfel
- 2 Zitronenscheiben

Eine Cocktailschale (bzw. natürlich mehrere, denn es ist ja eher unwahrscheinlich, daß Du mit Dir allein einen Weiberabend veranstaltest) im Kühlschrank vorkühlen. Dann das Glas/die Gläser herausnehmen und am Rand mit einer Zitronenscheibe befeuchten. Einen flachen Teller mit Salz bedecken und das Glas verkehrt herum daraufstellen, so entsteht der für die *Margarita* typische Salzrand. Tequila, Curaçao und Zitronensaft zusammen mit ein paar Eiswürfeln in einem Cocktail-Shaker kräftig schütteln. Anschließend das Ganze durch ein Sieb in die Cocktailschale abgießen und mit der anderen Zitronenscheibe garnieren.

Bierbowle
(6 % Alkohol)

Etwas zünftiger geht es bei Deinem Weiberabend zu, wenn Du dieses Getränk anbietest. Besonders gut paßt es in die Karnevalszeit, aber deswegen müßt Ihr noch lange nicht eine Polonaise durch Dein Wohnzimmer tanzen.

> 200 cl Bier
> 75 cl Sherry (medium oder dry)
> 5 cl Weinbrand
> 75 cl Sekt
> (evtl. Früchtecocktail aus der Dose)

Die flüssigen Zutaten (außer den Sekt) in eine Bowleschüssel gießen und für ein paar Stunden kaltstellen. Erst kurz vor dem Servieren den Sekt dazugeben. Wer mag, kann noch einen Früchtecocktail daruntermischen.

Escorial Frappée
(Feuergefahr! 45 Umdrehungen!!!)

Hier ein Drink für die ganz Harten! Wir persönlich haben schon 150 kg schwere Fernfahrer zu Boden gehen sehen, als sie an diesem Getränk genippt haben. Also Vorsicht, für Alkoholvergiftungen übernehmen wir keine Verantwortung!!! In jedem Fall gilt: Bevor Du Deinen Gästen diesen Drink servierst, solltest Du

a) ein gutes, reichhaltiges Essen auf den Tisch gestellt haben (Grundlage),
b) Dein Telefon ausgestöpselt haben (manche Leute neigen unter Alkoholeinfluß leider dazu, ihren Chef anzurufen und ihm auseinanderzusetzen, was frau ihm eigentlich schon immer einmal sagen wollte),
c) einen Deiner Gäste dazu verdonnert haben, nichts zu trinken, um die Lage zu überwachen,
d) den Weg zur Toilette mit neonroten Pfeilen markiert haben.

4 cl Escorial (grün)
1 cl Limettensirup
gestoßenes Eis

Eine Cocktailschale ungefähr zu zwei Dritteln mit gestoßenem Eis füllen und die Zutaten dazugeben. Einmal gut umrühren und mit Stirrer servieren.

Danach
(37% Alkohol)

Sollte einer Deiner Gäste tatsächlich den Escorial Frappée überlebt haben: Hut ab, Hut auf! Sollten sie sogar noch nach mehr verlangen, ist dieses Getränk vermutlich passend.

2 cl Crème de Menthe (weiß)
2 cl Kirschwasser
2 cl Wodka
gestoßenes Eis

Ziemlich einfach: Die Zutaten in ein Glas geben, umrühren, fertig! Kann frau sogar noch im unzurechnungsfähigen Zustand.

Grüne Welle
(Bleifrei)

Damit die armen Autofahrer sich bei Deiner Party nicht ausgeschlossen fühlen, solltest Du ihnen auch einen Drink anbieten. Schließlich ist es ziemlich unspaßig, wenn alle ein hübsches, buntes Getränk in der Hand halten und frau selbst an einem Glas mit Mineralwasser nippt.

> 4 cl Pfefferminzsirup
> 12 cl Tonic Water
> gestoßenes Eis
> 1 Minzezweig
> 1 Orangenscheibe
> 1 Cocktailkirsche

Ein großes Glas etwa zu einem Drittel mit gestoßenem Eis füllen. Den Pfefferminzsirup hinzugeben, das Ganze leicht umrühren und mit dem Tonic Water auffüllen. Den Minzezweig hinzugeben. Auf einen Cocktailspieß die halbierte Orangenscheibe und die Cocktailkirsche stecken und diesen über den Glasrand legen. Mit Trinkhalm und Stirrer servieren.

Damit wäre geklärt, was eine moderne Hexe bei ihrer »Walpurgisnacht« serviert. Allerdings gibt es noch ein paar Dinge, die zu einem gelungenen Weiberabend dazugehören:

1. Jede Menge gute Musik
   (*unentbehrlich:* mindestens eine CD von *Take That* oder den *Backstreet Boys*, ein paar alte Schlager (»Die kleine Kneipe«, »Santa Maria«, »Ein Bett im Kornfeld«), ein paar Songs von *Abba*, »I will survive« von *Gloria Gaynor* etc.)
2. Fotos, Liebesbriefe und Videoaufnahmen vom Ex-Freund (zwecks Lästereien zu vorgerückter Stunde)
3. Telefon oder Fax

(zwecks lustiger Anrufe bzw. Fax-Aktionen zu noch vorgerückterer Stunde. *Vorsicht:* Wie bereits oben erwähnt solltest Du aufpassen, daß niemand nach dem Genuß von *Escorial Frappée* zum Hörer greift!)

Auch Hexen haben Hüften

Abschließend müssen wir leider noch ein unangenehmes Thema ansprechen: Kalorien. Ja, ja, diese kleinen, gehässigen Monster, die sich im Kartoffelsalat oder in der Pizza verstecken und nichts anderes im Sinn haben, als uns möglichst schnell zu Stammkunden bei »Schickes in Größe 54« zu machen. Traurig, aber wahr, gegen Kalorienbomben ist auch eine echte Hexe machtlos. Sahnetorte hinterläßt nun einmal Pölsterchen, egal, ob frau sie prinzipiell nur um Mitternacht und bei Vollmond ißt. Und auch der Aberglaube, daß frau beim Verzehr von Burgern und Pommes nur dreimal rückwärts im Kreis laufen und dabei »Ich werde schlank, ich werde schlank, ich werde schlank« murmeln muß, dürfte von der Fast-food-Industrie in die Welt gesetzt worden sein. Deswegen sollte eine moderne Hexe ihren Speiseplan in zwei Kategorien unterteilen.

WDIJFDFLS
(Wovon Du in jedem Fall die Finger lassen solltest)*

Lebensmittel	Kalorien
Avocado (1 Stück)	320
Blätterteig	422
Blutwurst	452
Bockwurst (1 Stück)	332
Bohnen, weiß	352
Bratwurst (1 Stück)	342
Butter	776
Currywurst (1 Stück)	500
Eisbein, V-Haxe (1 kg, m. Knochen)	1866
Eisbein, H-Haxe (1 kg, m. Knochen)	2672

* Angaben immer, wenn nicht anders vermerkt, pro 100 Gramm
Alle Angaben verstehen sich als circa-Werte

Lebensmittel	*Kalorien*
Emmentaler Käse	409
Ente	243
Erdnüsse	629
Fleischwurst	315
Frankfurter (1 Paar)	256
Frikadelle (1 Stück)	275
Gans	342
Gouda	401
Griebenschmalz	940
Grieß	370
Hamburger (1 Stück)	584
Haselnüsse	694
Kichererbsen	368
Kokosnuß	400
Lammbrust	404
Leberpastete	334
Leberwurst	449
Makkaroni	387
Margarine	761
Mehl, Typ 405	368
Mohn	536
Mortadella	345

Lebensmittel	Kalorien
Nudeln	389
Parmaschinken	265
Pizza Margherita (300 g)	588
Sachertorte (1 Stück)	379
Schafskäse	370
Schinken, roh	395
Schmalz	947
Schweinebauch	450
Speck, fett	860
Weißwurst (1 Stück)	318
Zucker, weiß	394

WDSVEDBDU
(Wovon Du so viel essen darfst, bis Du umfällst)*

Lebensmittel	*Kalorien*
Apfel (1 Stück)	75
Artischocke (1 Stück)	61
Bambussprossen	27
Birne (1 Stück)	80
Chicorée	16
Chinakohl	16
Eisbergsalat	15
Erdbeeren	37
Forelle	112
Grapefruit (1 Stück)	70
Heilbutt	110
Honigmelone	26
Hühnerbrust	109
Joghurt, 1,5 % Fett	50

* Angaben immer, wenn nicht anders vermerkt, pro 100 Gramm
Alle Angaben verstehen sich als circa-Werte

Lebensmittel	*Kalorien*
Kalbsfilet	105
Karotten	41
Kiwi (1 Stück)	32
Krabben	96
Kürbis	28
Lammfilet	122
Miesmuscheln	72
Orange (1 Stück)	77
Paprikaschoten	28
Pfifferlinge	22
Putenbrust	115
Radieschen	20
Rhabarber	18
Rinderfilet	126
Roastbeef	188
Sauerkraut	26
Scampi	80
Schellfisch	80
Scholle	82
Spargel	20
Spinat	26
Tomaten	19

Lebensmittel	*Kalorien*
Wassermelone	23
Weintrauben	72
Zucchini	16

Das heißt natürlich nicht, daß eine echte Hexe ab sofort auf alles verzichten soll, was gut schmeckt und kalorienreich ist. Wir wollen damit nur folgendes sagen: Wenn Du Dich ausschließlich von Sachen aus der ersten Kategorie ernährst, hast Du entweder eine starke Schilddrüsen-Überfunktion – oder aber »Schickes in Größe 54« bestreitet mit Deiner Hilfe siebzig Prozent seines Jahresumsatzes. Ißt Du nur Nahrungsmittel aus der zweiten Kategorie, heißt Du vermutlich Kate Moss.

Ein letzter **Hexentip:** Wer den süßen Versuchungen des Lebens nicht widerstehen kann (und eigentlich sind wir ja auch nur dazu da, uns den Versuchungen hinzugeben), der kann überflüssige Kalorien schnell wieder loswerden. Etwa 250 Kalorien verbrennt man bei einer Stunde Gymnastik, einer halben Stunde Joggen – oder bei einem heißen Bad. Jetzt weißt Du auch, warum jede moderne Hexe zu Hause eine Badewanne haben sollte!

Register

Speisen:

Bratäpfel mit Marzipanfüllung *54, 55, 59*

Calzone Hawaii *23*

Carpaccio Viennese mit Insalata Patata *29*

Champignon à la provençale *36*

Consommé mit Blätterteighaube *37*

Coq au vin à la maison *39*

Crème brûlée *43*

Entenbrust mit Lauchzwiebeln und Glasnudeln *54*

Entenkeule mit Rotkohl und Klößen *54*

Frikadellen »Schnelle Art« *71*

Geschnetzeltes in Sherrysauce *22*

Graved Lachs auf Rösti mit Crème fraîche *60*

Hähnchenschenkel in Spargelsauce *26*

Käsestangen *69*

Maultaschen Italiano *24*

Mexikanische Maiscremesuppe *68*

Pommes à la bourgoise (Bratäpfel) *45*

Ragout Fin *27*

Ratatouille St. Petersburg *28*

Roastbeef mit Pellkartoffeln und
    Remouladensauce *61*
Rote Grütze *62*
Schlemmeraprikosen mit
    Schokoflocken *30*
Schlemmerfilet à la bordelaise auf
    Spinatbett *41*

Drinks:
Adam & Eve *47*
Adonis *74*
Bierbowle *81*
Caipirinha *73*
Danach *83*
Erotica *48*
Escorial Frappée *82*
Grüne Welle *84*
Harvey Wallbanger *74*
Margarita *79*
Pina Colada *78*
Prince Charles *77*
Schlammbowle *76*